Max et Lili
le grand livre-jeux
numéro 5

Dominique de Saint Mars

Serge Bloch

CALLIGRAM

Création studio Calligram
Calligram 2015
Tous droits réservés pour tous pays
Imprimé en Italie
ISBN : 978-2-88480-700-5

Cœurs en couleur

Aide Max à retrouver Juliette en passant toujours par des cœurs qui se suivent : rose, puis vert, jaune et bleu et en gardant le même ordre.

Le jeu de l'oie Max et Lili

Règles : On joue à plusieurs. Chaque joueur prend un pion. Puis, chacun à leur tour, les joueurs lancent deux dés et avancent leur pion du nombre de cases indiqué sur les dés.

• Quand un joueur tombe sur **une case étoile**, il avance de nouveau du même nombre de cases qu'il avait fait.

• Si un joueur fait **9** du premier coup, il va se placer sur la case 24.

• Celui qui arrive dans la même case qu'un autre joueur y reste, mais l'autre repart dans la case d'où venait son adversaire.

Si tu tombes dans les cases suivantes :

6 Pars en classe verte dans la case 13 et passe trois tours.

20 Range ton désordre pendant deux tours.

30 Reste dans cette case te faire de l'argent de poche et attends qu'un autre joueur tombe dedans. Tu pourras continuer mais l'autre joueur restera pour se faire de

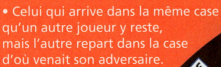

DÉPART

l'argent de poche à son tour.

41 Tu es trop malpoli, déménage à la case 32.

51 Tu n'as pas de copains. Attends qu'un autre joueur tombe sur cette case. Tu pourras continuer mais l'autre prendra ta place.

58 Tu es malade, passe un tour.

75 Tu t'es fait piéger sur Internet, recommence à la case zéro.

82 Passe ton tour pour fêter Noël.

96 Pour arriver à 96, on doit faire le nombre exact. Si le joueur fait trop de points, il doit reculer du nombre de points qu'il a en trop.

Nicolas, le meilleur ennemi de Max

Dessine Nicolas dans la grille vide en t'aidant des cases des trois autres grilles et colorie-le.

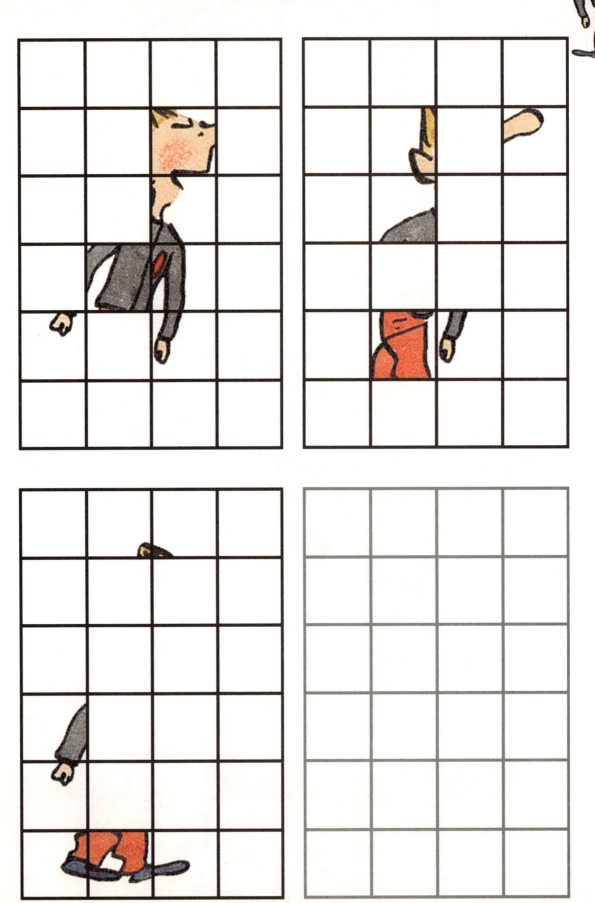

Le gros chagrin

Trouve les 10 différences entre ces 2 dessins.

Complète le dessin et donne-lui un titre.

Ouh là là !

Mon sandwich !

Pour savoir qui a volé le sandwich de Lili,
relie les points de 1 à 64.

Votez Max !

Dessine la pancarte électorale de Max sans oublier le slogan.

Cui-cui, où est mon nid ?

Aide l'oiseau à rejoindre son nid sans tomber sur Pompon.

Direction planète Mars

Imagine le dialogue entre Max et Jérôme
quand ils jouent avec leurs vaisseaux spatiaux.

Lili biz biz

Lili a choisi une veste avec une fermeture éclair,
sans inscription sur les manches et avec la marque Biz devant.
Pour le pantalon, la marque Biz doit apparaître sur une jambe
et seulement un B sur l'autre.
Biz doit aussi apparaître sur ses deux baskets
mais pas sur son sac, et son chouchou doit être à pois.
À toi de trouver la bonne Lili !

1   2   3   4

5   6   7   8

Max is crazy about video games (1) Max est fou de jeux vidéo

Colorie cette histoire de Max et Lili en anglais.
Lis la traduction en dessous.

1

2

<u>Max</u> : Moi, j'ai fini X Game en 27 minutes sans utiliser de continu.

Ahmed : Normal, t'es un pro, mon vieux !

<u>Tom</u> : Mais moi, j'ai trouvé le nuage magique et j'ai attaqué le vaisseau terrien.

<u>Lucas</u> : Ouais, c'est la tactique classique.

3

<u>Max</u> : Mon cousin, il a Pollution World, un super graphisme en 3D.

<u>Ahmed</u> : Je l'ai vu dans la boutique. Et si on allait voir s'ils ont reçu les jeux de stratégie ?

<u>Simon</u> : T'es d'accord, Max ? On y va ?

4

<u>Ahmed</u> : C'est super cher !

<u>Max</u> : Vous en vendez d'occasion ?

(suite page 28)

Le sac de plage de Lili

Retrouve cachés dans cette grille les 25 mots de la liste.
Tu peux les lire horizontalement, verticalement, en diagonale,
à l'envers ou à l'endroit. Il te restera 4 lettres inutilisées
avec lesquelles tu trouveras le nom de la personne à qui Lili
envoie la carte qui est en plus dans son sac.

ANANAS

BALLE
BANANE
BATEAU
BD
BISCUIT
BROSSE

CHAPEAU
CHOCOLAT
CRÈME

DE

FIL

LIVRES
LUMIÈRE

PALMES
PEIGNE
PELLE
PULL

RATEAU
ROBE

SANDALES
SAVON
SERVIETTE
SOUS

TARTE

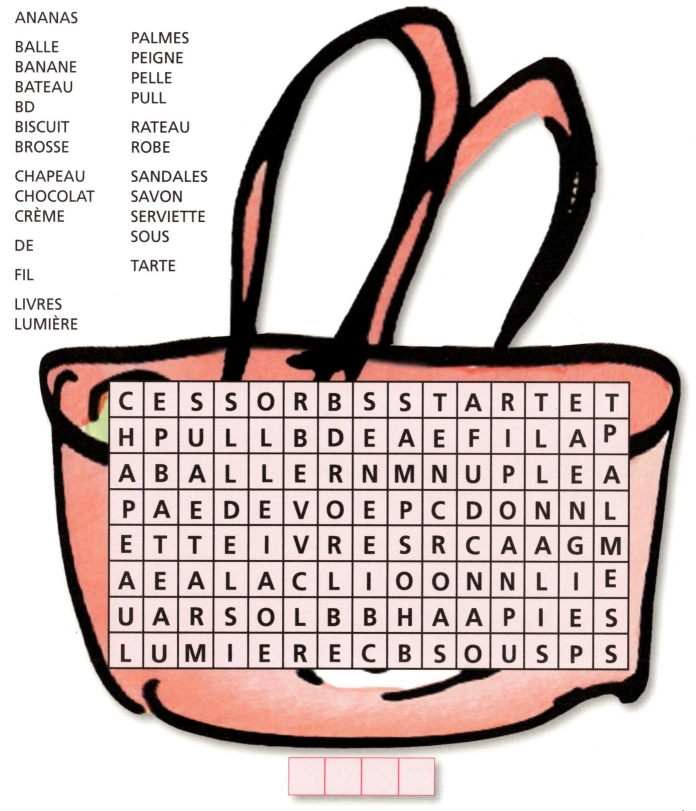

C	E	S	S	O	R	B	S	S	T	A	R	T	E	T
H	P	U	L	L	B	D	E	A	E	F	I	L	A	P
A	B	A	L	L	E	R	N	M	N	U	P	L	E	A
P	A	E	D	E	V	O	E	P	C	D	O	N	N	L
E	T	T	E	I	V	R	E	S	R	C	A	A	G	M
A	E	A	L	A	C	L	I	O	O	N	N	L	I	E
U	A	R	S	O	L	B	B	H	A	A	P	I	E	S
L	U	M	I	E	R	E	C	B	S	O	U	S	P	S

La chaîne des animaux

Lis les définitions. Écris la réponse dans les cases correspondantes. Les carrés reliés par un trait contiennent la même lettre.

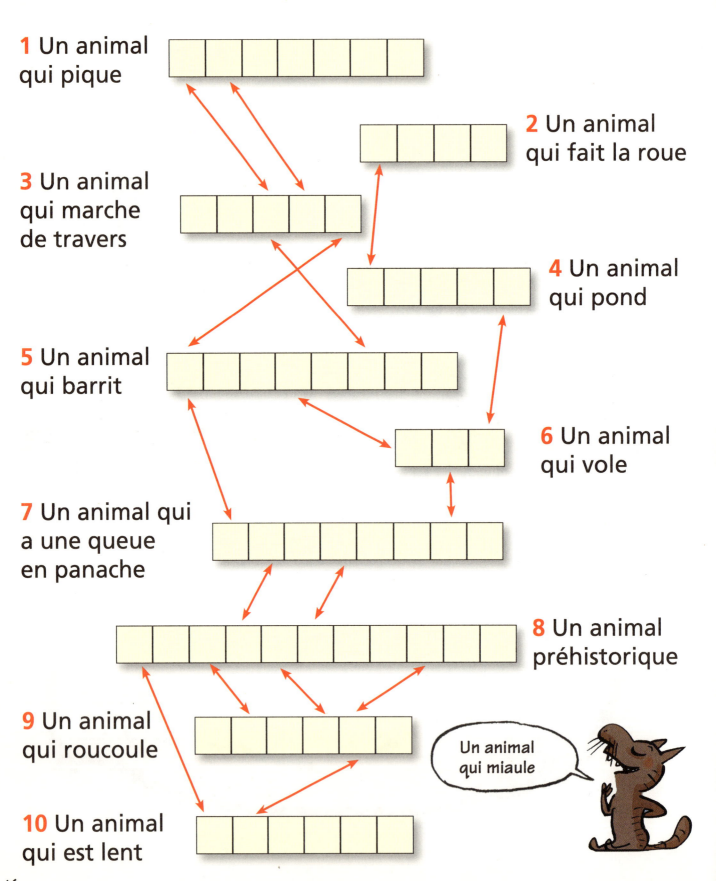

1 Un animal qui pique

2 Un animal qui fait la roue

3 Un animal qui marche de travers

4 Un animal qui pond

5 Un animal qui barrit

6 Un animal qui vole

7 Un animal qui a une queue en panache

8 Un animal préhistorique

9 Un animal qui roucoule

10 Un animal qui est lent

Un animal qui miaule

Quel diable, ce Max !

Dessine la queue du diable en suivant l'ordre logique.

Bateau, vélo ou loco ?

Trouve le nom du véhicule ou de l'objet pour compléter ces expressions familières.

1 Cette année, Max entraînera toute sa classe.
Il sera la ....
a. fusée
b. patinette
c. locomotive

2 Lili est arrivée en retard au cours d'histoire.
Elle va prendre le .... en marche.
a. train
b. bus
c. métro

3 Nicolas n'arrête pas de raconter des histoires.
Il mène Max en ....
a. bateau
b. patinette
c. skate

4 Pompon voit une souris et se précipite sur elle.
Il démarre comme une ....
a. soucoupe
b. fusée
c. moto

5 Pluche trouve Pompon très beau.
Il le trouve beau comme un ....
a. tracteur
b. camion
c. sous-marin

6 Lili va faire un exposé avec Marlène.
Elles vont travailler en ....
a. vélo
b. tricycle
c. tandem

7 Max a plein d'autocollants.
Il en a un .... entier !
a. wagon
b. camion
c. train

8 Le copain de Paul est très original.
Il a un petit .... dans la tête.
a. avion
b. hélicoptère
c. vélo

9 Max ne sait plus où il en est.
Il perd les.................... .
a. roues
b. pédales
c. ailes

10 Mamie se sent tout à coup fatiguée.
Elle a un coup de ....
a. frein
b. pompe
c. klaxon

11 Clara se laisse complètement diriger par Lili.
Elle est à sa ....
a. remorque
b. barque
c. brouette

Méli-mélo

Marlène a très envie d'aller manger les gâteaux.
Mais quel chemin doit-elle prendre ?

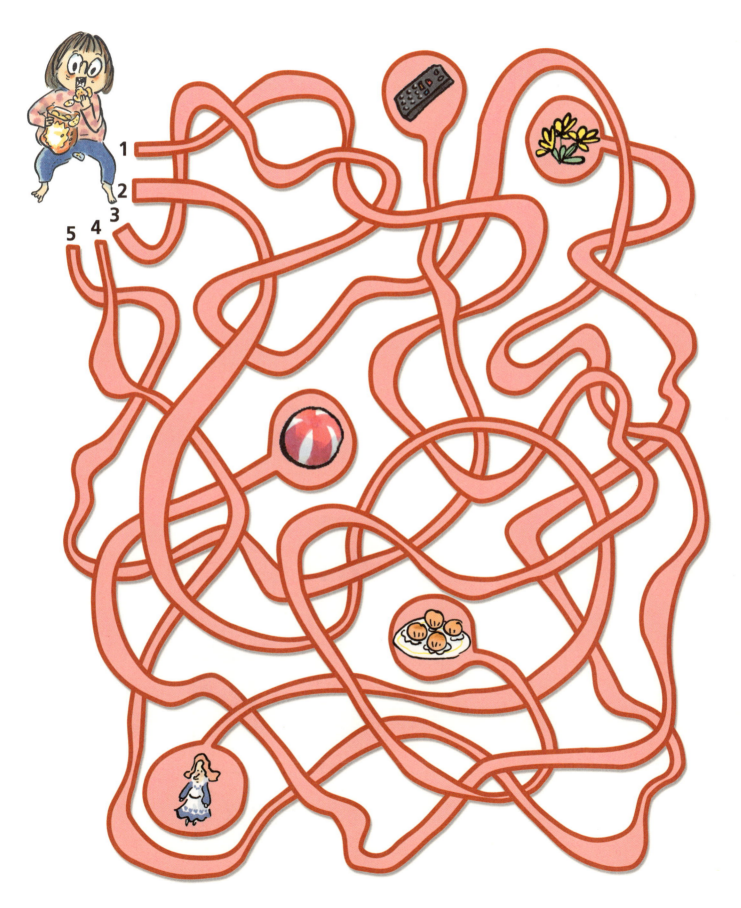

Mots croisés

Lis les phrases et écris les mots que tu trouves dans la grille du dessous. Écris de gauche à droite les mots de la colonne horizontale. Écris de haut en bas les mots de la colone verticale.

HORIZONTALEMENT

A. Pompon explique à Pluche que la nuit, tous les chats sont ....

B. Avec des bouteilles, Max va construire un .... pour aller sur l'eau.

C. Barbara demande à Lili de venir .... tout de suite !
Pompon ...... repose au soleil.

D. Le radeau de Max .... sur l'eau.

E. Lili va bientôt .... son anniversaire.

F. Max agace Lili en chantant : « NANAN... ! »
Max ..... Lili sont frère et sœur.

VERTICALEMENT

1. Pompon a .... Pluche pour s'amuser avec sa patte !

2. Max adore .... la casserole pour finir le chocolat fondu.

3. Max a traité Lili d'............ !

4. Lili ...... dispute avec Max.
Lili dit à Max : « je ...... prête ma bicyclette ».

5. Max se trouve beau comme un .... !

6. Pompon regarde la .... d'oiseaux dans le ciel.

La nuit, tous les chats sont .... ?

20

Un traité à signer

Pour découvrir quel traité Jérôme veut faire signer à Max, barre dans les 2 bulles tous les mots qui contiennent les lettres : H - J - K - Y - Z.

On y a pédalez je fait un jour traité kiwi jeu cachette de paix où les filles kangourous et les yétis jolis garçons demandez jeudi s'engagent à ne plus pétaradez s'y agresser, à ne pêcher plus habiter yourte s'insulter.

HÉLAS ! QUOI !!! Jérémy mais qu'est-je ce cache qu'on joue va faire jeter choux, alors ? Je on jardine va joliment trop déchetterie hier s'embêter !

Test : comment es-tu en vacances ?

Comment aimes-tu passer tes vacances ? Pour le savoir, choisis, dans chaque situation, la réponse qui te convient, et entoure le signe correspondant.

1 Dès que tu te lèves le matin :
- Tu ouvres grands tes volets. ●
- Tu te remets au lit avec un livre. ✪
- Tu vas réparer ton vélo. ■

2 Dans le jardin, tu préfères :
- Construire une cabane ■
- Observer les insectes ✪
- Te chronométrer en vélo ●

3 Tu as perdu ton chien :
- Tu cherches des empreintes. ✪
- Tu pars le chercher en vélo. ●
- Tu remplis des bols de croquettes. ■

4 Tu préfères filmer :
- Ta chambre ✪
- Ta cabane ■
- La fête du village ●

5 Pour partir en promenade, tu prends :
- Ton couteau suisse ■
- Ton chronomètre ●
- Une carte du coin ✪

6 La voiture a crevé, tu dis :
- Je sors le cric. ■
- Comment on va aller à la plage ? ✪
- C'est malin ! ●

7 Ton jeu préféré :
- Le foot ●
- La chasse au trésor ✪
- Le cerf-volant ■

8 Tu pars en vacances :
- En voiture ✪
- En vélo ●
- En roulotte ■

9 Tu préférerais être :
- Libraire ✪
- Moniteur de ski ●
- Inventeur ■

10 On t'offre un animal, tu choisis :
- Un cheval ●
- Un singe ■
- Un koala ✪

Compte combien tu as obtenu :

✪ = 8   ● = 0   ■ = 2

Regarde les réponses à la fin du livre.

22

Pique-nique à la plage

Observe bien cette image pendant 2 minutes.
Puis tourne la page pour répondre aux questions.

...Questions...

Avant de lire ces questions, observe pendant 2 minutes l'image de la page précédente.

OUI NON

1 Lili porte-t-elle un tee-shirt ?

2 Y a-t-il un soleil dans le ciel ?

3 La dame au chapeau violet porte-t-elle des lunettes ?

4 Le parasol est-il orange et vert ?

5 Le père de Max et Lili a-t-il une casquette ?

6 Lili a-t-elle son chouchou rouge ?

7 Y a-t-il une mouette dans le ciel ?

8 Max est-il en train de boire ?

9 La mère de Max et Lili mange-t-elle un sandwich ?

10 Y a-t-il huit personnes sur la plage ?

11 Y a-t-il un château de sable ?

12 Y a-t-il encore quelque chose dans le panier de pique-nique ?

Attention !

Lis cette histoire et remets les vignettes dans l'ordre de 1 à 9.

Je dessine Max et Lili

Complète les silhouettes de Max et Lili.

Je suis perdu !

Deux images seulement sont identiques. Lesquelles ?

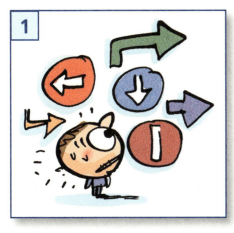  

Max is crazy about video games (2) Max est fou de jeux vidéo

Colorie cette histoire de Max et Lili en anglais.
Lis la traduction en dessous.

5

Simon : Bon, je te le prête jusqu'à jeudi, mais si tu me le perds, tu me le repaies.

Max : T'inquiète. J'y ferai gaffe comme si c'était le mien.

6

Chien : Ouaf ! Ouaf !

Chien : Ouaf ?

7

Lili : Moi, je veux la télé ! C'est l'heure de « Mon cœur à Santiago ».

Max : Ton feuilleton débile !

8

Lili : Au moins, c'est la vraie vie, avec des sentiments et c'est drôle ! Toi, tu n'aimes que la guerre.

Max : Toi, tu subis, moi j'agis... Je suis un héros.

(suite page 48)

La nouvelle cavalière

Deux images seulement sont identiques. Lesquelles ?

Trombinoscope

Toute la bande de Max et Lili est en double sauf un, qui est en triple. À toi de le trouver !

À qui la bulle ?

Ces bulles ne correspondent pas du tout aux personnages qui les disent. À toi de les remettre à la bonne place.

Lili, Max, Pompon !

Pluche se déplace verticalement, horizontalement ou en diagonale. Il ne doit jamais croiser son chemin, ni aller 2 fois sur la même case. Comment va-t-il faire pour dire bonjour successivement à Lili, Max et le chat Pompon en passant par toutes les cases ?

GAGNÉ !

On y va, papa !

Ce pic est formé de 6 grands triangles.
Compte le nombre de triangles qui se cachent dans chacun d'eux et écris ce nombre à côté de la lettre correspondante. Reporte ces lettres dans la grille et tu découvriras le nom du pic que Max rêve d'escalader avec son père.

6	11	1	6	4	3	3	8

R = ☐

M = ☐

A = ☐

O = ☐

T = ☐

E = ☐

Un triangle, ça a 3 côtés, Pluche !

Tu crois ?

Circuit de vélo

Mets ton livre devant une glace et suis le circuit
avec un crayon en regardant dans la glace.
On peut aussi jouer à deux. L'un ferme les yeux et fait
le circuit avec un crayon pendant que l'autre le guide.

Que se passe-t-il, Valentine ?

Imagine pourquoi Valentine est furieuse.

Amie souris

Quel chemin doit prendre la souris
pour retrouver son amie ?

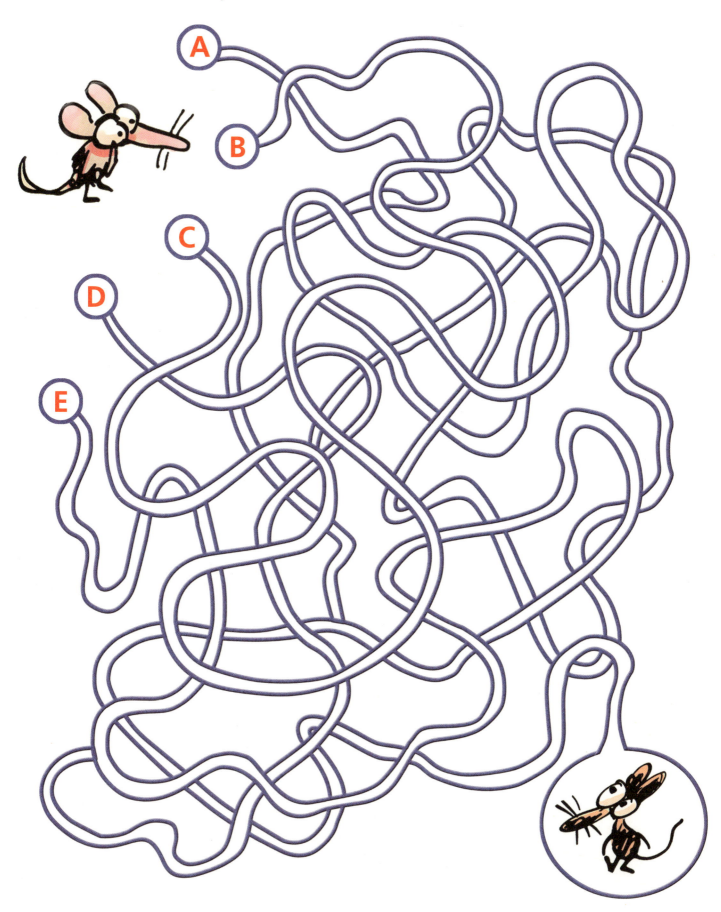

Grosse crasse !

Lis cette histoire et remets les vignettes dans l'ordre de 1 à 15.

11

Voilà pour le bain, maintenant, de l'eau sur la figure !

Vivement demain... Des jours comme aujourd'hui, j'en arrive même à aimer l'école... !

Je n'ai pas dû savonner assez fort...

1

C'est maman qui veut te parler. Peut-être que tu pourrais t'essuyer les mains...

5

Ça t'apprendra à faire ta madame parfaite !

Pas croyable ! On ne peut pas imaginer quelqu'un de plus sale... Tu me dégoûtes !

Allô, maman, oui, je vais me laver... Non, je ne suis pas très sale... Un bain ? Non, c'est trop long... Bon... bon... !

Arrête, Max ! Maman, il se fait encore lécher les pieds par Pluche.

Quelle rapporteuse !

C'est TOI qui mets tout le temps les doigts dans ton nez... Il ne serait pas si long, autrement !

Crasseux, bête... et méchant !

Situation d'urgence

Sauras-tu décoder le message que Max envoie à ses amis en utilisant la grille ?

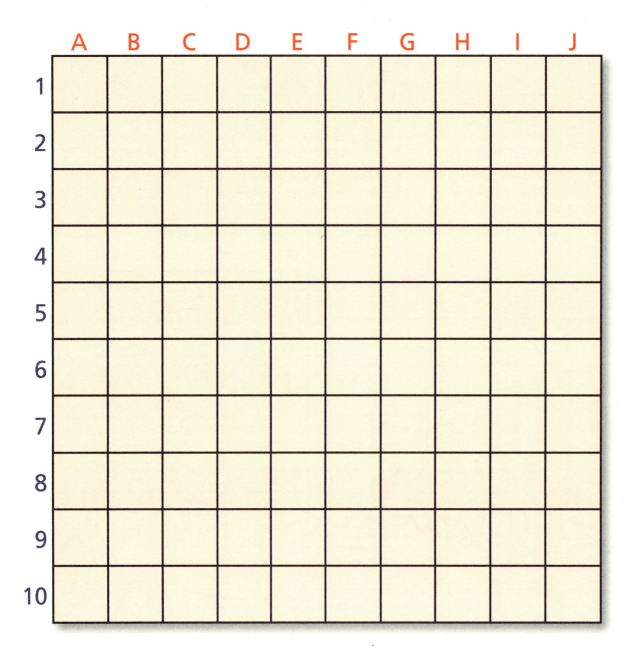

	A	B	C	D	E	F	G	H	I	J
1										
2										
3										
4										
5										
6										
7										
8										
9										
10										

B2 = R • D6 = L • E8 = B • H10 = M
F2 = E • D10 = I • E4 = O • B6 = A
A10 = A • G2 = Z • F4 = U • G8 = N
H8 = E • F8 = A • F10 = I • E10 = D
G4 = S • C2 = E • D4 = V • E6 = A
J10 = X • C8 = C • I10 = A • D8 = A
D2 = N • C10 = M • E2 = D

Game boy and girl

Depuis trois jours, Koffi, Juliette, Jérôme, Fathia
et Max font un tournoi de jeux vidéo.
Combien de parties ont-ils gagné chacun ?
Si Max gagne cette dernière partie, sera-t-il le gagnant ?

Je dessine Max et Lili

Complète les silhouettes de Max et Lili.

Écarte-toi de mon chemin !

Pour savoir contre qui Max veut se battre,
relie les points de 1 à 113.

Ombres jumelles

Toutes les ombres ont leur double, sauf une.
À toi de les mettre 2 par 2 et de trouver celle qui est seule.

La mystérieuse liste de courses

Lili part faire les courses. Sa mère lui a préparé une drôle de liste où tous les achats commencent par un P.
Pars du P qui est placé au centre de la grille et suis le sens des flèches pour lire les lettres qui viennent ensuite.

M	M	T	R	E
E	N	O	I	S
T	R	**P**	A	N
C	U	T	E	S
I	N	E	C	H

P... comme pistache...

Une robe pour Vanessa

Colorie le col et les 2 volants de ces robes
en cherchant l'ordre logique.

Et après,
je choisis celle que
je préfère !

1

2

3

4

5

6

1

47

Max is crazy about video games (3) Max est fou de jeux vidéo

Colorie cette histoire de Max et Lili en anglais.
Lis la traduction en dessous.

9

Lili : Ah ! Tu vas voir si je subis !...

10

Max : NON !!!

Max : Espèce de criminelle ! Tu m'as fait perdre au moins six vies !

Lili : Vidéo drogué !

11

Lili : Tu es débile, t'es une victime, tu ne grandiras jamais !

Max : Je vais réussir... Aaah ! la statue se transforme en une pieuvre effrayante !

12

Max : Ouh là là ! Elle me fait peur cette pieuvre...
OUUAAH !

(suite page 64)

Maxi loto

Lili a-t-elle la combinaison gagnante ? Vérifie
en coloriant sur la carte le numéro des boules de loto.
Pour gagner, Lili doit avoir sur sa carte une seule ligne
complète de 5 chiffres, horizontale, verticale ou en diagonale.

Mamie, où es-tu ?

Aide Max et Lili à retrouver leur grand-mère.

Clara, la copine de Lili

Dessine Clara dans la grille vide en t'aidant
des cases des trois autres grilles et colorie-la.

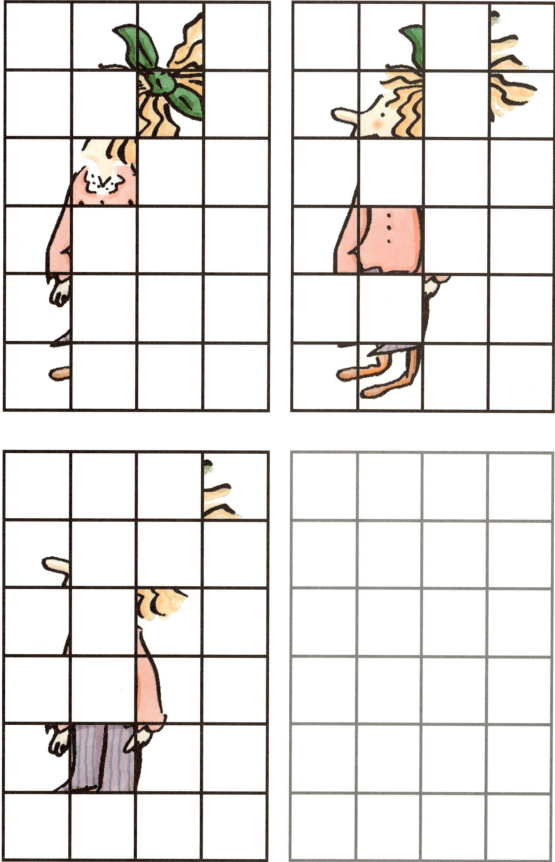

Tourniquet

Mets une lettre dans chaque carré de manière à former
un mot en tournant dans le sens des aiguilles d'une montre.
La première lettre est indiquée par un numéro.
Aide-toi des définitions.

Ça, c'est le sens des aiguilles d'une montre !

T'es sûr ?

1 Max porte un pull bleu **M A R I N E**.

2 Lili voit le _____ de pompiers.

3 Barbara ne veut pas _____ ses chaussures.

4 Le _____ a mangé une poule de Mamie.

5 Pluche est un _____ à quatre pattes.

6 Lili trouve que ces oranges sont trop

_____ .

7 Max a fait tomber un vase. Quel _____ !

8 C'est un film d'horreur, Max va _____ de peur !

9 Paul va participer à un _____ de voitures.

Cadeau mystère

Inscris les lettres dans les cases ci-dessous
en suivant l'ordre des chiffres de 100 à 200.
Tu trouveras ce que Max a reçu pour son anniversaire.

Habits croisés

Trouve les mots qui manquent dans les phrases
et place-les dans la grille.

HORIZONTALEMENT

A. Lili ne veut pas de gilet, elle veut un ....
en laine pour mettre sur sa chemise.

B. Max a un .... pour se protéger la tête.

C. Max en a assez de son short, il veut
un .... comme Jérôme.

D. Barbara rêve d'un .... plus léger pour mettre
ses affaires.

E. Il neige, Lili va mettre son .... à capuche.

F. Lili enfile son nouveau .... de danse.

G. Max a froid aux mains, il cherche ses.............. .

H. Le .... de bain de Max est trempé.

I. Le.......... fourré de Lili lui tient chaud au cou.

J. Max enfile sa .... de Zoro.

K. Lili adore sa nouvelle .... de plage.

L. Lili aimerait une autre .... de nuit.

M. Max ne quitte jamais son .... bleu.

VERTICALEMENT

1. Lili ne quitte jamais sa .... rouge.

Paul a mis un .... pour faire la cuisine.

2. Pompon aimerait des............. de soleil
comme Max et Lili.

Maintenant que Max est délégué de classe,
il met une........... grise pour aller à l'école.

3. Lili aime mettre un .... pour dormir.

4. Max a un nouveau .... pour jouer
au foot.

Lili met ses .... pour marcher dans
la neige.

5. Max a besoin d'un .... pour la pluie.

6. Max veut des nouvelles .... pour courir
plus vite.

7. À la plage, Lili aime enrouler son ....
autour de ses hanches.

54

Étoilé

Raye toutes les étoiles qui sont en double. Classe celles qui restent, de la plus grande à la plus petite, en reportant leur lettre, au fur et à mesure, dans les cases bleues.

Le poney club

Trouve les 21 différences entre ces 2 dessins.

Animalier

Pour savoir ce que disent Pluche et Pompon, place tous les mots de la liste dans la grille, puis remplis les cases numérotées.

11 lettres
HIPPOPOTAME

9 lettres
CROCODILE
KANGOUROU

8 lettres
ÉLÉPHANT

7 lettres
BROCHET
GAZELLE
GOÉLAND
LÉOPARD
MOUETTE

6 lettres
AUTOUR
BÉLIER
BUFFLE
CHACAL
COCHON
COCKER
GIRAFE

5 lettres
AIGLE
BICHE
HÉRON
HYÈNE
SINGE

4 lettres
BOUC
CHAT
FAON
IBIS
LION
PUCE
PUMA

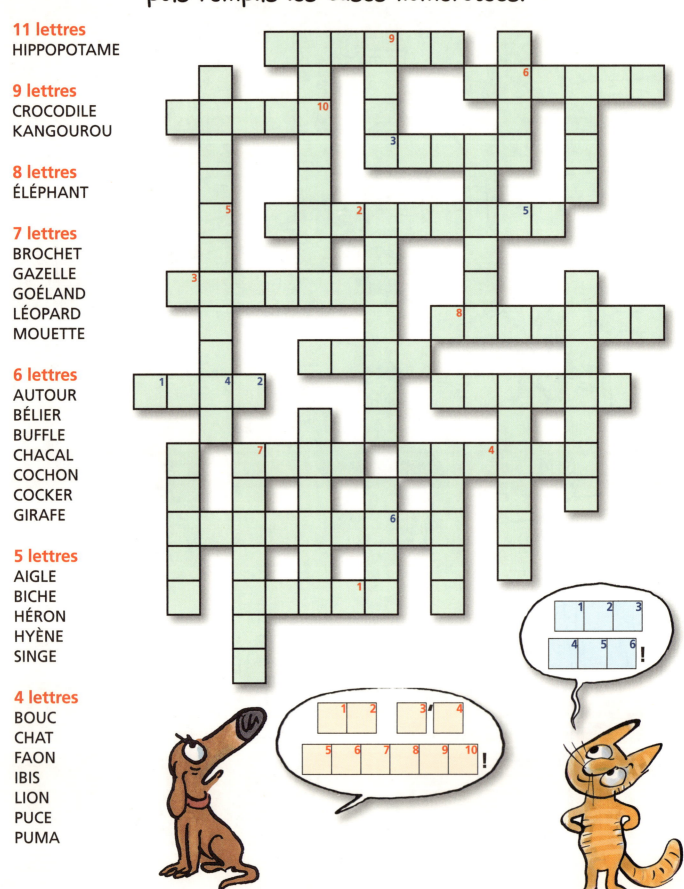

Bonne résolution

Pour décoder la bonne résolution de Max,
remplace chaque signe par une lettre.

Test : es-tu optimiste ?

Vois-tu la vie en rose ou en noir ? Pour le savoir, choisis, dans chaque situation, la réponse qui te convient et entoure le chiffre correspondant.

1 Tu dois faire signer ton carnet qui n'est pas fameux, fameux... Tu penses :
- Ah, je me débrouillerai bien le moment venu... ⭐
- Je trouverai des astuces pour faire rire mes parents ! 🔴
- Brrr ! J'imagine déjà le pire... 🟦

2 Tu pars en retard pour l'école... Tu te dis :
- En courant à toute vitesse, j'ai une chance d'arriver à l'heure. 🔴
- C'est horrible ! Je suis sûr(e) et certain(e) que je vais être puni(e) ! 🟦
- Chouette ! Je vais manquer une partie de la classe. ⭐

3 Tu as 5 minutes pour résoudre un problème assez difficile... Tu penses :
- Je vais commencer par écrire n'importe quoi très vite. ⭐
- Je n'y arriverai jamais ! Je n'y arriverai jamais ! 🟦
- En me concentrant très fort, je vais la trouver, cette solution ! 🔴

4 On te donne une bouteille à moitié remplie d'une boisson que tu adores... Tu te dis :
- Chic ! Il m'en reste plein : elle est à moitié pleine. 🔴
- Vite ! J'ai soif ! ⭐
- Elle est à moitié vide. Je n'en aurai jamais assez. 🟦

5 Ton meilleur copain, ou ta meilleure copine, te dit : « je ne te parle plus »... Tu penses :
- Je vais jouer avec mes autres copains. ⭐
- Ça arrive à tout le monde, ça s'arrangera ! 🔴
- C'est ma faute ! On est fâché(e)s pour la vie ! 🟦

6 Tu es dans la salle d'attente du dentiste... Tu penses :
- J'en ai marre d'attendre, j'ai envie de faire du patin. ⭐
- Ouille, ouille, ouille ! Il va me faire mal... 🟦
- Ouf ! Dans 5 minutes, ma dent sera soignée ! 🔴

7 Le champion de vélo de l'école te propose une course pour le lendemain... Tu te dis :
- Je vais refuser ! Je n'ai aucune chance ! 🟦
- Je vais m'entraîner toute la nuit chez moi. 🔴
- Bof ! J'irai, je n'ai rien à perdre ! ⭐

8 Penses-tu souvent ?
- Oh ! moi, je n'ai jamais de chance ! 🟦
- Moi, j'ai toujours une chance incroyable ! ⭐
- La chance, ça ne se commande pas ! 🔴

9 Ta mère vient te dire bonsoir... Tu te dis :
- J'ai l'impression que ça ne va pas être un gros câlin ! 🟦
- Si ça continue, je ne pourrai plus lire. ⭐
- Je sens que ça va être long et bon. 🔴

Compte combien tu as obtenu :

⭐ =   🔴 =   🟦 =

Regarde les réponses à la fin du livre.

> Max, c'est génial de voir la vie en rose !

> Ça change tout !

Cache-cache araignées

Pose ta main sur ce mur envahi par les araignées
en essayant d'en cacher le plus possible, puis trace le contour
de ta main avec un crayon noir et compte combien
tu en as cachées. Tu peux jouer avec tes amis
et voir celui qui en cachera le plus !

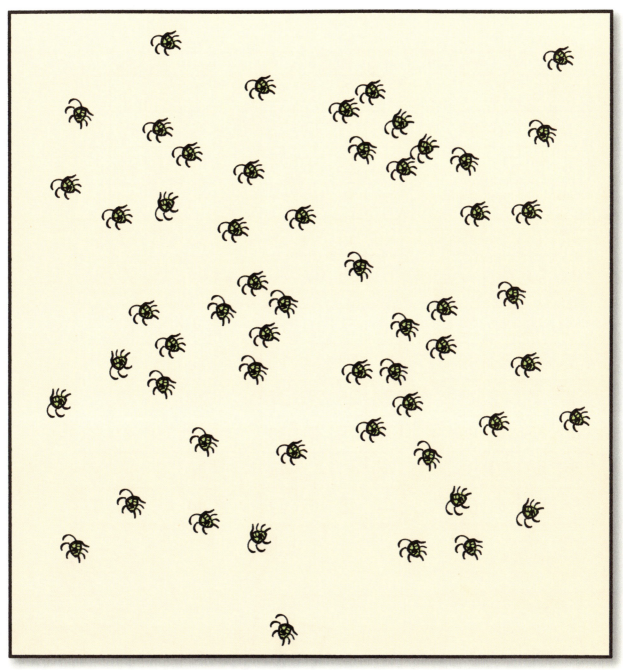

Prénoms	Nombre d'araignées cachées

Moi, je ne tue jamais les araignées !

Tour de magie !

La maîtresse a préparé un bon tour de magie pour ses élèves.
Elle va demander à Koffi de choisir, sans le dire,
un nombre entre 1 et 47. Puis elle va lui demander
de lui montrer les cartes où se trouve le nombre qu'il a choisi
pour pouvoir le deviner. Comment va-t-elle faire ?
Lis le truc en bas de la page et fais le tour à tes copains.

Je peux aussi le faire, maîtresse ?

Le truc : Additionne dans ta tête le chiffre en haut et à gauche de chaque carte que ton copain t'a montrée. Le total te donnera le bon chiffre ! N'explique pas le truc et recommence plusieurs fois, ça marche à tous les coups !

Je vais tomber !

Dessine sur quel objet, quel animal ou quelle chose Koffi se tient en équilibre.

Max is crazy about video games (4) Max est fou de jeux vidéo

Colorie cette histoire de Max et Lili en anglais.
Lis la traduction en dessous.

13

Max, what is it ?

Pompon scared me ! Leave me alone, you're distracting me.

Barbara : Max, qu'est-ce qu'il y a ?

Max : Pompon m'a fait peur ! Mais laisse-moi, tu me déconcentres.

14

I've had enough of this idiotic game ! I'm going to forbid it.

Then I'll go play at Tom's !

Why would you be the one to decide if I like it or not ? You've got your crossword puzzles, don't you ?

Barbara : J'en ai assez de ce jeu idiot ! Je vais te l'interdire.

Max : J'irai jouer chez Tom ! Et pourquoi c'est toi qui choisirais si ça me plaît à moi ? Tu as bien tes mots croisés, toi !

15

You never do anything else anymore ! You don't read anymore. You no longer watch TV shows on animals. You don't play with Lili anymore. You are always on the edge, and you don't play sports anymore !

But I'm developing my finger muscles.

Barbara : Tu ne fais plus rien d'autre !... Tu ne lis plus !... Tu ne regardes plus les émissions sur les animaux !... Tu ne joues plus avec Lili, tu es tout le temps énervé et tu ne fais plus de sport !

Max : Mais je me muscle les doigts !

16

Because of these video games, you aren't with us anymore !

You never have time to play with us anyway !

Barbara : Avec cette machine, tu n'es plus avec nous !

Max : De toute façon, tu n'as jamais le temps de jouer avec nous.

64

(suite page 86)

Souvenirs de Pluche

Observe bien cette image pendant 2 minutes.
Puis tourne la page pour répondre aux questions.
(Les questions ne portent pas sur le texte des bulles.)

...Questions...

Avant de lire ces questions, observe pendant 2 minutes l'image de la page précédente.

OUI NON

1 Est-ce que Pluche veut se laver ?

2 Pluche saute-t-il dans une poubelle ?

3 Pluche fait-il pipi contre une poussette ?

4 Pluche a-t-il un bâton dans la gueule ?

5 Y a-t-il une photo de Pluche
   sur la table de nuit ?

6 Y a-t-il une photo du chat Pompon
   sur la table de nuit ?

7 Est-ce que Lili dort ?

8 Est-ce que Max dort ?

9 Est-ce que Pluche fait le beau ?

10 Est-ce que la maman de Max et Lili
    est contente de Pluche ?

11 Est-ce que Pluche joue à la balle ?

12 Est-ce que Pompon est là ?

Gla... gla...

Aujourd'hui, on est vendredi !
Les amis de Lili aimeraient bien savoir
quelle est la température de l'eau de la piscine.

Lundi, l'eau était à 25 °C, c'était chouette !

Mardi, l'eau a perdu 3 °C par rapport à lundi !

Mercredi, elle avait repris 1 °C.

Jeudi, l'eau était meilleure que mercredi, car elle avait 2 °C de plus que mardi !

Zut, aujourd'hui, vendredi, l'eau a perdu 4 °C par rapport à hier !

Lundi	25 °C
Mardi	
Mercredi	
Jeudi	
Vendredi	

Test : es-tu sportif ?

Es-tu sportif ou non ? Pour le savoir, choisis, dans chaque situation, la réponse qui te convient et entoure le chiffre correspondant.

1 Tes parents te demandent de choisir ce que tu veux faire cet après-midi. Que décides-tu ?
- Un pique-nique dans la forêt ●
- Une randonnée à bicyclette ■
- Installer la tente pour y dormir ce soir ✪

2 Tes amis organisent une partie de foot. Qui veux-tu être ?
- Un joueur ■
- L'arbitre ✪
- Un spectateur ●

3 Tu arrives à la piscine. Comment entres-tu dans l'eau ?
- Tu rentres tout doucement. ●
- Tu sautes. ✪
- Tu plonges. ■

4 En récréation, à quoi préfères-tu jouer ?
- Au foot, aux gendarmes et aux voleurs ■
- Aux billes, à 1,2,3 soleil ●
- À la marelle, à l'élastique ✪

5 On vient d'installer trois agrès au portique. Lequel choisis-tu en premier ?
- La balançoire ●
- Les anneaux ■
- L'échelle de corde ✪

6 Tu as gagné un accessoire pour ton vélo. Lequel choisis-tu ?
- Un klaxon-trompette ✪
- Un compteur kilométrique ■
- Deux sacoches ●

7 Ton copain te propose de faire une cabane. Où vas-tu la faire ?
- Dans un champ avec des bottes de paille ✪
- Dans un arbre ■
- Sous la table du jardin ●

8 Dans quel club t'inscris-tu ?
- Patins à roulettes, croquet, cuisine ✪
- Vélo cross, escalade, canoë-kayak ■
- Bricolage, BD, piscine ●

9 Tu as rendez-vous chez un copain dans 10 minutes, et ton vélo est crevé. Il habite à 1 kilomètre. Que fais-tu ?
- Tu pars en courant. ■
- Tu supplies ta mère de t'accompagner en voiture. ●
- Tu téléphones que tu seras un peu en retard. ✪

10 Quel cadeau d'anniversaire préférerais-tu ?
- Des palmes, un masque et un tuba ■
- Une surprise ●
- Un cerf-volant dirigeable ✪

Compte combien tu as obtenu :

✪ =   ● =   ■ =

Regarde les réponses à la fin du livre.

C'est ignoble !

Valentine a piégé Lili en la filmant sur son téléphone portable. Imagine les réactions des amis de Lili.

Mini puzzles

Le petit Manu a fait n'importe quoi avec ses 2 puzzles.
Les pièces ne sont pas du tout placées aux bons endroits.
Aide-le en redessinant chaque morceau à sa place.

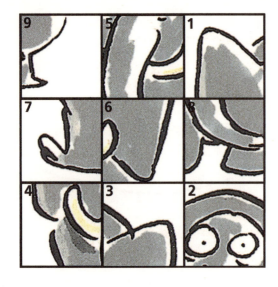 

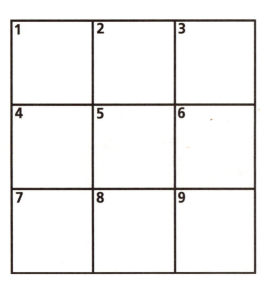 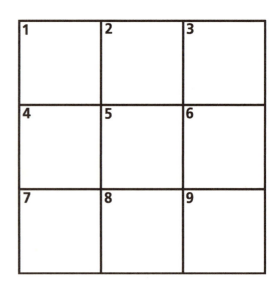

Lâche ça, Manu, viens faire les puzzles, j'ai dit !

Comment tu t'appelles ?

Pour connaître le prénom du bébé que regardent Max et Lili,
suis le chemin des 7 lettres et écris la lettre
dans le cercle vert qui lui correspond.

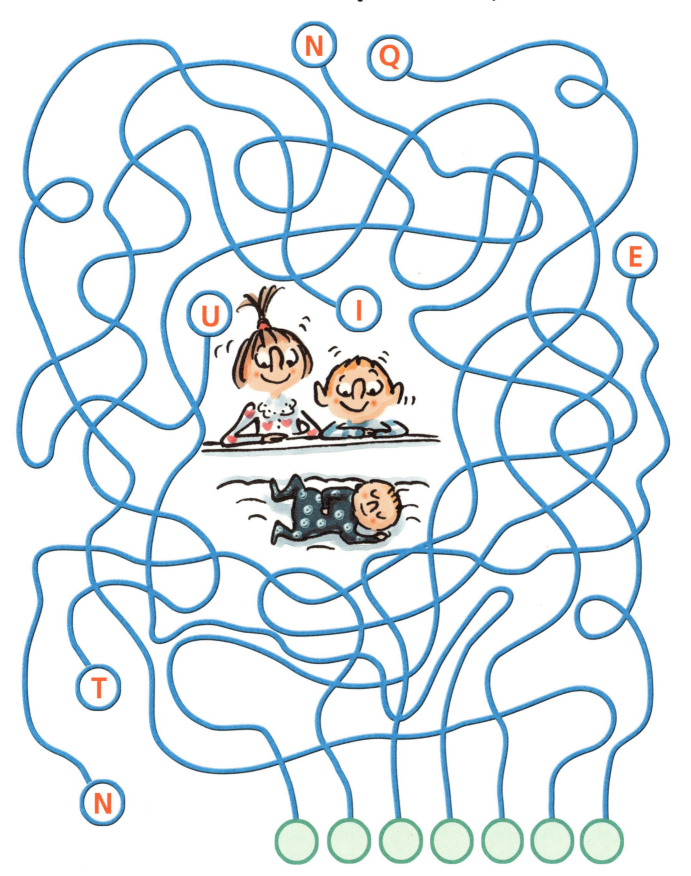

Je dessine Max et Lili

Complète les silhouettes de Max et Lili.

Abandonné !

Max rêve qu'il est abandonné. Relie les points de 1 à 68 pour savoir qui il appelle pour venir à son secours.

Place à l'artiste !

Aujourd'hui, Lili te laisse sa place pour dessiner.

Mots cassés

Recompose ces mots croisés avec les pièces ci-dessous.

Dans cinq minutes, je relève les copies !

Drôles de bêtes !

Mélange deux animaux pour en créer un autre.

« CANA-CHIEN »

Embouteillage

Toutes ces voitures ont leur double,
sauf une qui y est trois fois. Laquelle ?

La phrase ensorcelée

Commence par la première phrase « LILI AIME LES FRITES » et suis les instructions en ne mettant pas d'espace entre les mots. À la dixième transformation, tu découvriras une phrase complètement différente.

| L | I | L | I | A | I | M | E | L | E | S | F | R | I | T | E | S |

Échange la première voyelle avec la troisième et écris les autres lettres comme ci-dessus.

1

Enlève tous les I.

2

Échange de place la première consonne avec la troisième.

3

Transforme le F en L puis le R en A.

4

Ajoute un A entre les deux L et un O avant le premier E.

5

Ajoute un R après la troisième voyelle.

6

Mets un X à la place du premier L et un D à la place du deuxième.

7

Insère un G entre les deux consonnes qui se suivent.

8

Transforme le T en C.

9

Lis ta nouvelle phrase !

10

À qui la bulle ?

Ces bulles ne correspondent pas du tout aux personnages qui les disent. À toi de les remettre à la bonne place.

Têtes pas bêtes !

Dessine les visages de Max en suivant l'ordre logique.

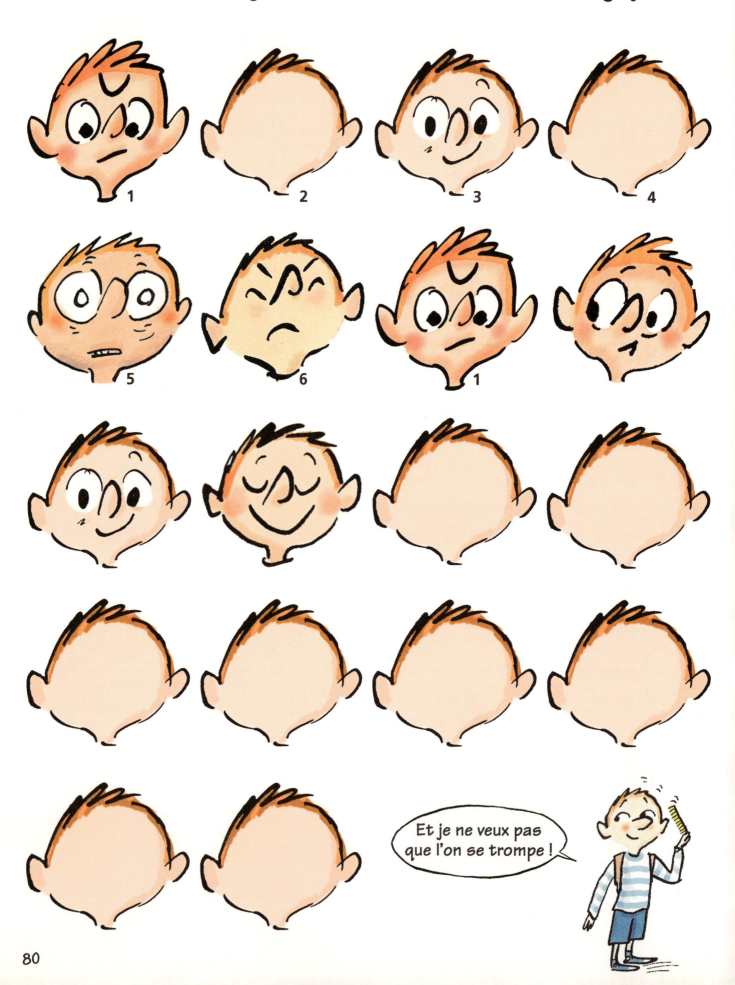

Et moi, alors !

Trouve les 10 différences entre ces 2 dessins.

Magi-code

Utilise le magi-code pour découvrir la formule
que prononce la sorcière Marlène pour faire disparaître
les cauchemars de la chambre de Lili.

M	A	G	I		C	O	D	E	S
1	2	3	4		5	6	7	8	9

749P2R24998Z

_ _ _ _ _ _ _ _ _ _ _ _

16N9TR89 PU2NT9

_ _ _ _ _ _ _ _ _ _ _ _ _

2LL8Z 2U 742BL8

_ _ _ _ _ _ _ _ _ _ _

4118742T818NT

_ _ _ _ _ _ _ _ _ _ _ _ _

Petit déjeuner

Deux images seulement sont identiques. Lesquelles ?

Message d'erreur

Pour découvrir le message qu'Hugo a envoyé
à Valentine et que Lili vient de découvrir,
remplace les lettres manquantes
par les lettres inscrites dans les bombes
en faisant attention à leur inclinaison.

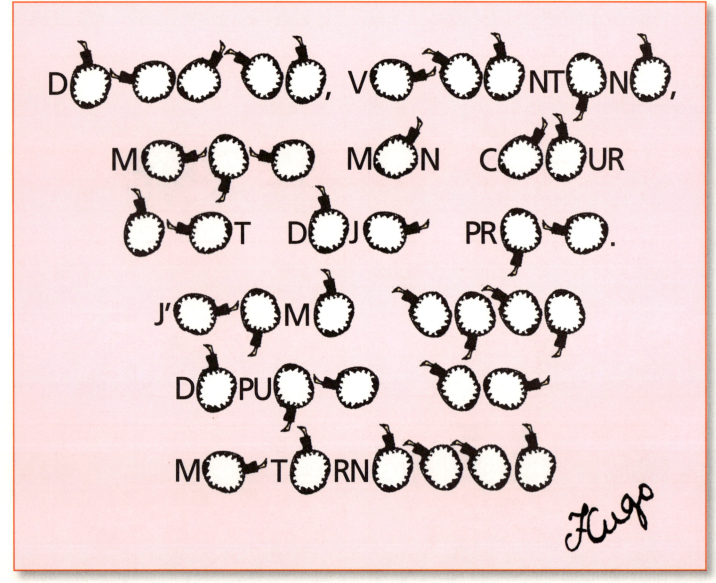

L'escalier secret

Aide le chevalier à délivrer la princesse en haut du donjon !
L'escalier secret passe par 4 séries de chiffres
qui se suivent de 1 à 9. Les chiffres doivent se toucher
par une ligne horizontale, verticale ou en diagonale.

ENTRÉE

Max is crazy about video games (5) Max est fou de jeux vidéo

Colorie cette histoire de Max et Lili en anglais.
Lis la traduction en dessous.

17

Mom, Max, look, Dad's back from his rock climbing !

So how did it go, Daddy ?

Lili : Maman, Max, voilà papa qui revient de sa montagne !

Max : Alors, c'était bien papa ?

18

We set a record, we made it up to the Giant's Nose.

Me too ! In the 7th world, I swung a maximum of silver punches at ED 209 and knocked him down.

Paul : On a réussi une première, le Nez du Géant !

Max : Moi aussi ! Dans le 7e monde j'ai balancé un maximum de poings d'argent à ED 209 et je l'ai éclaté.

19

You're still glued to your video games !

He doesn't know how to stop !

It's not very imaginative. When I was little, I used to read stories about dragons...

Paul : T'es encore devant tes jeux vidéo !

Barbara : Il ne sait pas s'arrêter !

Paul : Ce n'est pas très imaginatif... Moi, quand j'étais petit, je lisais des histoires avec des dragons...

20

... I would slay them with my magic sword, we had to go through lots of trials.

It's the same thing for me. I send fire balls with my laser and blow up the monsters ! If I lose, I have extra lives.

Paul : ... Je les tuais avec mon épée magique, on passait des épreuves...

Max : Moi, c'est pareil. Avec mon laser, j'envoie des boules de feu et je les explose, les monstres ! Et si je perds, j'ai une réserve de vies.

(suite page 98)

Devoirs de vacances

Aide ce drôle de père Noël à s'entraîner pour descendre
le plus vite possible par la cheminée.

Monogrammes

Un monogramme est un dessin composé avec toutes
les lettres d'un prénom. Cherche quel prénom se cache
dans les monogrammes qu'ont dessinés Max, Lili et leurs amis
(ce sont les prénoms de leur amis).

Exemple = HUGO.

Les lettres H-U-G sont cachées dans le O.

Monogrammes

Dessine le monogramme de ton prénom
et ceux de ta famille ou de tes ami(e)s.

Stress de rentrée

Imagine à quoi pense Lili, la veille de la rentrée.

Casse-tête

Élimine 2 nombres dans chacun de ces 4 carrés, pour que la somme des nombres restants soit la même horizontalement et verticalement.

2	3	0	1	= 6
2	2	1	1	= 6
2	1	3̶	3	= 6
0	2̶	5	1	= 6

= 6 = 6 = 6 = 6

3	1	2	3	= 9
2	1	5	2	= 9
1	4	3	4	= 9
3	4	2	0	= 9

= 9 = 9 = 9 = 9

3	4	4	1	=
3	9	1	8	
3	5	1	3	
3	3	6	5	

=

2	5	3	10
10	5	3	2
8	5	5	7
6	5	14	1

Je n'ai jamais eu peur des chiffres !

Le palais de Valentine

Pour la fête de l'école, Valentine a le rôle de la fée.
Dessine-lui son palais.

Je n'y crois pas !

Pour découvrir pourquoi Max est horrifié, enlève les lettres en suivant l'ordre alphabétique et lis la bulle.

La bande de Max et Lili

Remplis chaque case vide avec une lettre de manière à trouver 14 prénoms d'amis de Max et Lili dans les cases horizontales. La lettre à placer peut se situer au début, au milieu ou à la fin du prénom. Ensuite, tu pourras lire à la verticale dans les cases bleues un petit message.

V	A	L	A	M	I	T	O	M	A	R	I	A
P	A	U	M	E	L		S	I	N	E	S	I
C	A	R	O	L	I		L	E	X	O	L	U
N	I	C	O	L	A		P	A	U	A	L	B
X	U	V	E	F	A		H	I	A	V	E	R
V	A	L	O	P	K		F	F	I	Y	V	A
D	O	M	I	N	L		C	I	E	N	O	R
E	V	A	L	E	N		I	N	E	R	V	E
L	E	U	V	I	C		O	R	A	L	B	E
O	U	I	R	M	A		L	E	N	E	Z	O
F	R	A	S	I	M		N	C	H	A	R	L
C	H	R	O	L	J		L	I	E	T	T	E
R	U	B	U	B	A		A	N	E	S	S	A
O	J	E	R	O	M		A	M	E	L	Z	E

Et moi, j'y suis ?

Tu verras bien, Valentine !

Quel scooter !

Paul, le père de Max et Lili, aimerait s'acheter un scooter pour aller au bureau, mais il veut le seul qui n'a pas son semblable.

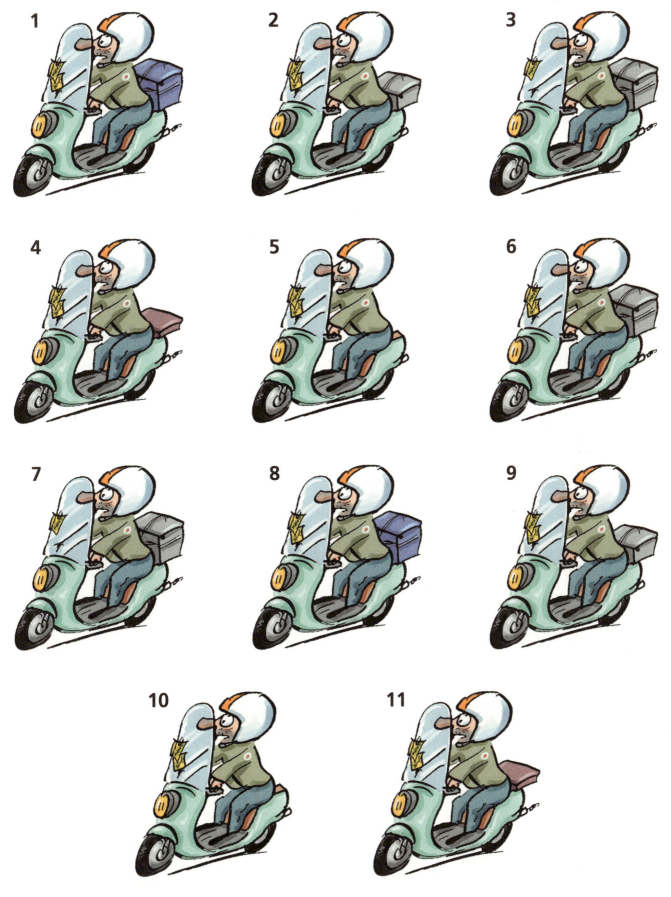

Vite, la mer monte !

Lis cette histoire et remets les vignettes dans l'ordre de 1 à 16.

8

11

16

6

1

Max is crazy about video games (6) Max est fou de jeux vidéo

Colorie cette histoire de Max et Lili en anglais.
Lis la traduction en dessous.

21

> I bet you couldn't even do it ! Adults are no good. It's a generation thing !

Max : Je parie que tu n'y arriverais même pas !
Les adultes sont nuls ! Question de génération !

22

> To the left... in the middle... to the right...

> No, not like that. With your foot, too high, oooh, you're dead, of course !

> Hey, what are you doing here ?

Max : À gauche... au centre... à droite...

Max : Non, pas comme ça... avec le pied, trop haut, ah, t'es mort, évidemment !

Paul : Mais qu'est-ce que tu fais ici ?

23

> You're doing okay, but of course you don't know the codes !

> Well, fine, come and help me then !

Max : Tu te débrouilles bien... mais évidemment, tu ne connais pas les codes !

Paul : Bon, alors viens m'aider au lieu de discuter !

24

> MUCH LATER...

> Go, Dad ! Now !

> Holy smokes ! I'm going to get caught, yes... no... I can't do it !

BIEN PLUS TARD...

Max : Vas-y, Pa ! Maintenant !

Paul : Oh, là, là ! Je vais me faire avoir, oui... non... je n'y arrive pas !

(suite page 116)

Bal masqué

Donne les masques à Max, Alex, Fathia, Juliette et Koffi en suivant les instructions.

- Le masque de Koffi n'est pas rose.
- Le masque de Juliette a plus de dents que le masque de Fathia et autant que le masque de Koffi.
- Les masques rouge et vert appartiennent à Max et Alex.
- Le masque de Fathia a plus que 4 pustules.
- Le masque d'Alex a plus que 3 pustules.

Je dessine Pluche et Pompon

Complète les silhouettes de Pluche et Pompon.

À quoi on joue ?

Un mot intrus s'est glissé dans chaque bulle. Écris ce mot au bon endroit dans la grille. Tu liras verticalement dans les cases vertes ce à quoi veulent jouer les élèves pendant la récréation.

1, 2, 3 et c'est parti !

Connais-tu ces expressions qui jouent avec les chiffres ?

1 Max voit 36 chandelles.
- a. Il admire un sapin de Noël.
- b. Il fête son anniversaire.
- c. Il est sonné après une chute de vélo.

2 Lili se sent la 5ᵉ roue du carrosse.
- a. Elle se sent comme une princesse.
- b. Elle se sent inutile.
- c. Elle se sent épuisée.

3 Max brûle la chandelle par les 2 bouts !
- a. Il voit parfaitement bien.
- b. Il vit intensément.
- c. Il fait des économies.

4 Max est tiré à 4 épingles !
- a. Il est habillé avec soin.
- b. Il est d'une humeur exécrable.
- c. Il est très mal habillé.

5 Lili ne veut pas attendre 107 ans !
- a. Elle a peur de mourir très vieille.
- b. Elle est impatiente.
- c. Elle a envie de dormir.

6 Lili se met sur son 31.
- a. Elle met ses plus beaux habits.
- b. Elle joue à la marelle.
- c. Elle est très énervée.

7 Popy se met en 4.
- a. Il a mal au dos.
- b. Il se met à 4 pattes.
- c. Il fait tout son possible.

8 Barbara fait d'1 pierre 2 coups.
- a. Elle gagne à la pétanque.
- b. Elle obtient 2 résultats à la fois.
- c. Elle s'endort tout de suite.

9 Lili a les 2 pieds sur terre.
- a. Elle s'étire de tout son long.
- b. Elle est malpolie.
- c. Elle est réaliste.

10 Max n'y va pas par 4 chemins.
- a. Il fonce.
- b. Il est paresseux.
- c. Il est complètement perdu.

11 Pompon dort sur ses 2 oreilles.
- a. Il a les oreillons.
- b. Il dort profondément.
- c. Il ne veut rien entendre.

Qu'est-ce que c'est ?

Imagine en texte ou en dessin pourquoi Max et Lili hurlent.

File d'amis

Cherche dans la grille les prénoms des amis de Max et Lili.
Les prénoms sont dans l'ordre de la liste sur un fil continu
qui peut descendre, monter, aller à gauche ou à droite
mais jamais en diagonale.

Marlène
Nicolas
Max
Lili
Koffi
Valentine
Jérémy
Clara
Hugo
Juliette
Fathia
Jérôme
Lucien
Karim
Vanessa
Marie
Sarah

Et nous, alors !

M	A	R	L	A	S	M
N	E	L	O	L	X	A
E	N	I	C	I	L	I
A	V	I	F	F	O	K
L	N	E	R	E	M	Y
E	I	J	E	A	L	C
N	T	T	T	R	A	H
A	F	E	E	I	L	U
T	H	I	A	J	U	G
E	M	O	R	E	J	O
L	U	R	I	M	V	A
I	C	A	R	A	M	N
E	N	K	I	E	A	E
H	A	R	A	S	S	S

Pays cachés !

Si, comme Lili, tu veux savoir de quel pays viennent ces voitures, pars d'une des lettres de chaque cercle et tourne dans le sens des aiguilles d'une montre.

Regarde, Popy, la voiture de devant, elle vient d'Autriche !

Une histoire de princesse

Pour savoir qui est la princesse, dans l'histoire
que Max raconte au petit Manu, relie les points de 1 à 61.

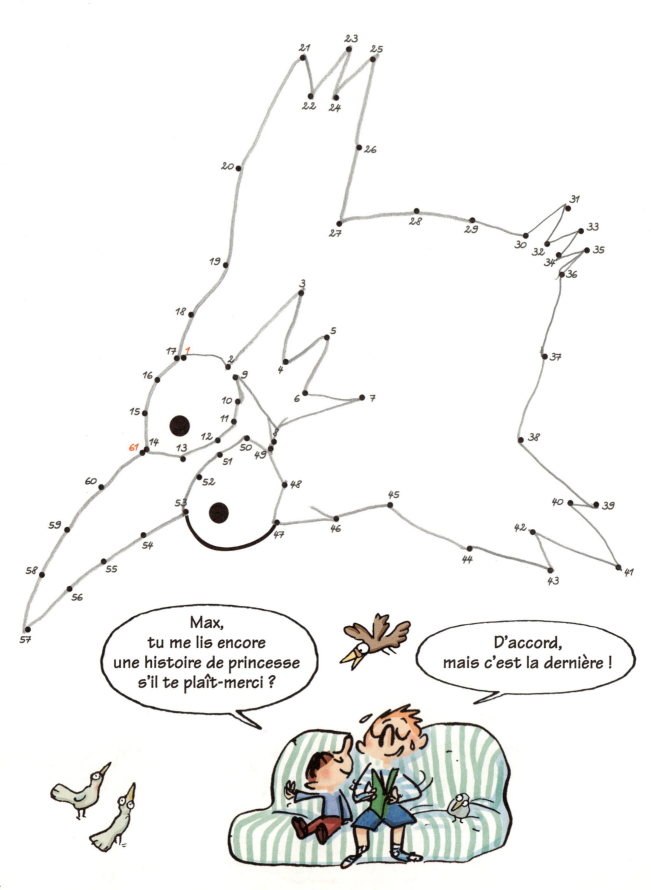

Max,
tu me lis encore
une histoire de princesse
s'il te plaît-merci ?

D'accord,
mais c'est la dernière !

Nettoyage de printemps

Aide Max à remettre dans l'ordre les étapes de nettoyage de la cabane. Les lettres mises, elles aussi dans l'ordre, te donneront ce que Max a apporté pour fêter l'événement.

Ombres jumelles

Toutes les ombres ont leur double, sauf une.
À toi de les mettre 2 par 2 et de trouver celle qui est seule.

Oh là là !

Dessine quelques belles grimaces.

Forêt de jambes

Remets ces jambes par paires de deux
et trouve celle qui est seule.

Lequel veux-tu ?

Trouve la lettre manquante dans chaque mot de 4 lettres
et inscris-la dans la case située sur la même ligne.
Tu découvriras dans les cases bleues le titre du livre « Max et
Lili » que demande le petit garçon à sa maman.

Je veux celui-là !

À qui la bulle ?

Ces bulles ne correspondent pas du tout aux personnages qui les disent. À toi de les remettre à la bonne place.

Casse-tête

Élimine 2 nombres dans chacun de ces 4 carrés,
pour que la somme des nombres restants soit la même
horizontalement et verticalement.

1	~~2~~	3	0	= 4
1	1	~~4~~	2	= 4
1	0	1	2	= 4
1	3	0	0	= 4
= 4	= 4	= 4	= 4	

1	5	3	2	= 8
2	2	2	2	= 8
3	1	3	1	= 8
2	5	3	3	= 8
= 8	= 8	= 8	= 8	

3	3	3	1	=
2	1	5	3	
5	0	2	5	
0	7	2	1	

=

2	2	7	6
4	7	1	3
2	2	7	4
7	6	3	2

Papa, aide-moi !

Trouve ce que Max a pêché. Quand tu auras trouvé,
suis le fil jusqu'à la prise de Max et écris dans les cases
les lettres que tu rencontres.

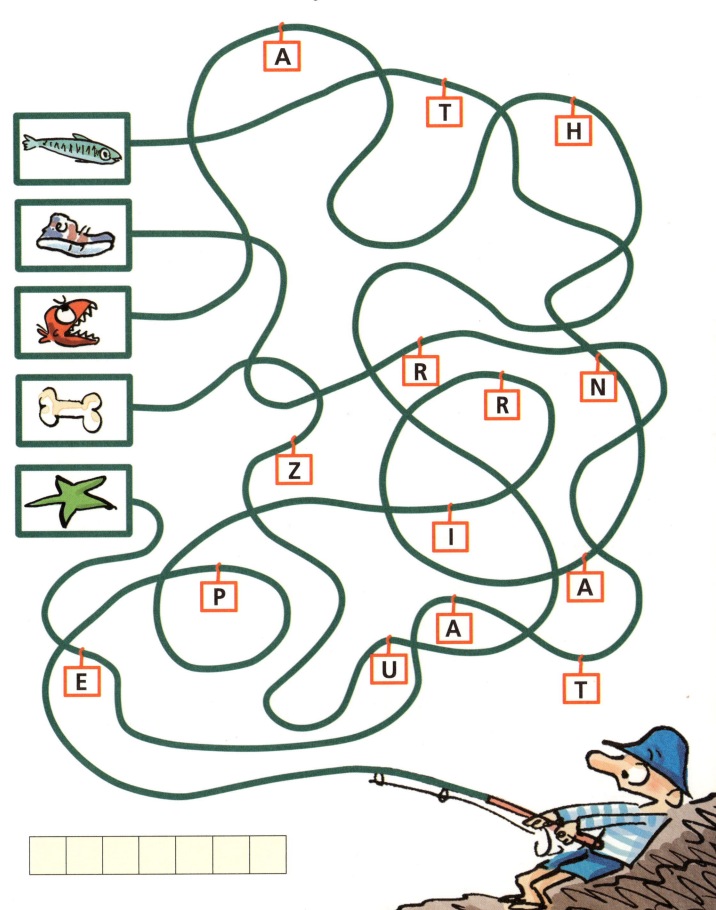

Max is crazy about video games (7) Max est fou de jeux vidéo

Colorie cette histoire de Max et Lili en anglais.
Lis la traduction en dessous.

25

> Quick ! Quick ! Wait, I'll do it for you !
>
> Hey ! It's my game.

Max : Vite ! vite ! attends, je vais te le faire !
Paul : Hé ! c'est ma partie.

26

> Anyway, we don't have any lives left !
>
> Tough luck !

> Great adventure, huh, Dad !
>
> Yes, but it's not real life !

Max : De toute façon, on n'a plus de vies !
Paul : Dur !...
Max : Super aventure, hein, Pa !...
Paul : Oui, mais ce n'est pas la vraie vie !

27

> I'm going to take you to the mountains for some real adventure.

> And I will teach you how to play. You're still rather average... But, you won't play my game all the time afterwards, will you ?

Paul : Je vais t'emmener en montagne...
pour de vraies aventures.

Max : Et moi, je te donnerai des leçons... T'es encore
un peu nul... Mais après, tu ne me piqueras pas
mon jeu tout le temps ?

À la niche !

Pour aller de la niche de Pluche à celle de son copain,
il y a 4 chemins possibles : le chemin des fleurs bleues,
des fleurs rouges, des jaunes et des vertes. Les chemins
passent de fleur en fleur de la même couleur, verticalement,
horizontalement ou en diagonale et
les 4 chemins peuvent se croiser.

J'ai pas envie
d'y aller !

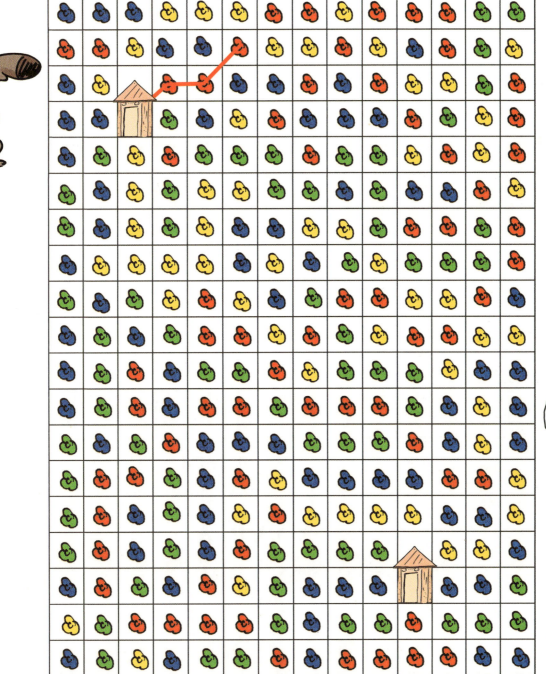

C'est pas
gentil !

Mini puzzles

Le petit Manu a fait n'importe quoi avec ses 2 puzzles.
Les pièces ne sont pas du tout placées aux bons endroits.
Aide-le en redessinant chaque morceau à sa place.

Solutions

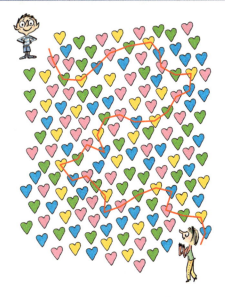

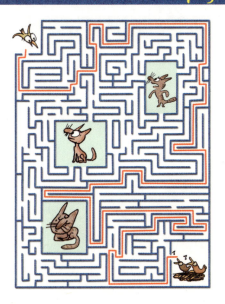

La bonne Lili est la numéro **2**.

C	E	S	S	O	R	B	S	S	T	A	R	T	E	T
H	P	U	L	L	B	D	E	A	E	F	I	L	A	P
A	B	A	L	L	E	R	N	M	N	U	P	L	E	A
P	A	E	D	E	V	O	E	P	C	D	O	N	N	L
E	T	T	E	I	V	R	E	S	R	C	A	A	G	M
A	E	A	L	A	C	L	I	O	O	N	N	L	I	E
U	A	R	S	O	L	B	B	H	A	A	P	I	E	S
B	U	L	L	E	S	E	C	B	S	O	U	S	P	S

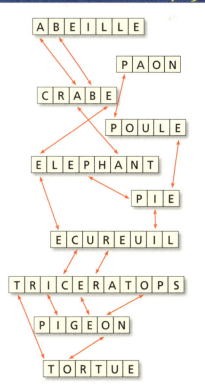

ABEILLE
PAON
CRABE
POULE
ELEPHANT
PIE
ECUREUIL
TRICERATOPS
PIGEON
TORTUE

Solution — page 18

1c - 2a - 3a - 4b - 5b - 6c - 7a - 8c - 9b - 10 b - 11a

Solution — page 19

Le bon chemin est le **1**.

Solution — page 20

	A	B	C	D	E	F
1	G	R	I	S		N
2	R	A	D	E	A	U
3	I	C	I		S	E
4	F	L	O	T	T	E
5	F	E	T	E	R	
6	E	R	E		E	T

Solution — page 21

<u>Jérôme :</u> On a fait un traité de paix où les filles et les garçons s'engagent à ne plus s'agresser, à ne plus s'insulter.

<u>Max :</u> QUOI !!! Mais qu'est-ce qu'on va faire, alors ? On va trop s'embêter !

Solution — page 22

Si tu as plus de ● :
Pour toi, les vacances, c'est l'action. Le matin, tu es le premier levé et tu te couches le dernier. Tu n'imagines pas une journée sans sport, tu es solide, toujours en mouvement et jamais fatigué.

Si tu as plus de ✪ :
Tu es curieux de tout, tu regardes tout, tu poses plein de questions, tu es même un peu intello. Mais tu aimes aussi être confortablement installé pour bouquiner ou noter tes découvertes.

Si tu as plus de ■ :
Tu passes tes vacances à jouer avec ton imagination pour inventer des tas de choses. Tu as toujours un outil près de toi et tu adores bricoler, créer, arranger.

Solution — page 25

Solution — page 27

Les deux images identiques sont la **3** et **11**.

Solution — page 29

Les deux images identiques sont la **4** et **7**.

Solution — pages 30/31

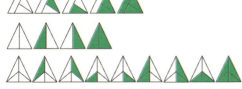

Le bon chemin est le **E**.

Solution — page 41

 Koffi **12**
 Juliette **11**
 Jérôme **10**
 Fathia **16**
 Max **15**

Solution — pages 44/45

Solution — page 46

P	R	U	N	E			
P	O	M	M	E			
P	O	T	I	R	O	N	
P	E	C	H	E			
P	A	T	A	T	E		
P	O	R	C				
P	A	T	E	S			
P	O	I	R	E			
P	A	I	N				
P	O	I	S				

Solution — page 47

Solution — page 49

Loto				
3	44	10	8	48
64	28	50	34	6
77	55	15	38	56
18	2	60	73	90
80	68	12	42	86

Solution — page 50

Solution — page 52

1 Max porte un pull bleu **M A R I N E**.
2 Lili voit le **CAMION** de pompiers.
3 Barbara ne veut pas **ABÎMER**
ses chaussures.
4 Le **RENARD** a mangé une poule
de Mamie.
5 Plume est un **ANIMAL** à quatre pattes.
6 Lili trouve que ces oranges sont trop
AMÈRES.
7 Max a fait tomber un vase. Quel
FRACAS !
8 C'est un film d'horreur, Max va **FRÉMIR**
de peur !
9 Paul va participer à un **RALLYE**
de voitures.

Solution — page 53

T	R	A	I	N				

É	L	E	C	T	R	I	Q	U	E

Solution   page 54

```
        1   2   3   4   5 6 7
            P U L L
A       J   L   Y         
B       U   U   J     B O B
C       P A N T A L O N   A
D       E   E   M     L   S A C
E           T   A N O R A K
F       T U T U           E
G       A   E       G A N T S
H       B   S L I P       S
I   C O L           B
J       I           O   C A P E
K   S E R V I E T T E     A
L       R       T   C     R
M S H O R T   C H E M I S E O
                    R
                    E
```

Solution   page 55

B O N S O I R

Solution   pages 56/57

Solution   page 58

```
            B E L I E R   P
        H     L   B   B U F F L E
A I G L E     I   S   C     A
        P     S I N G E     O
        O     P   N   I     N
        P   K A N G O U R O U
        O     N   O   A
M O U E T T E   L   L E O P A R D
        A     L   A   F   G
        M   C H A T       Z
P U M A       N   C O C K E R
        E     A   D   O   L
        B   B O U C   C H A C A L
        I   R   T   L Y   H   O
        C   O C O D I L E   O   N
        H   C   U   O   N
        E   H E R O N   E
            E T
```

ON M'A OUBLIE !

PAS MOI !

Solution   page 59

Je finis ma partie.
Et après, j'arrête pour aujourd'hui !
Juré !
Zut, j'ai perdu !
Tant pis, je recommence !

Solution   page 60

Si tu as plus de ■ :
Tu es plutôt pessimiste ! Tu es prudent, raisonnable, organisé, mais tu as un peu peur de l'inconnu. Heureusement, comme tu imagines souvent le pire, tu n'es presque jamais déçu ! Mais essaie donc des lunettes roses, pour ne plus voir la vie en noir !

Si tu as plus de ✪ :
Tu es légèrement insouciant ! Tu passes à travers tous les problèmes, mais peut-être ne les vois-tu pas ? Tu ne te poses pas de questions. Tu es actif et heureux. C'est bien de prendre la vie comme elle vient !

Si tu as plus de ● :
Tu es vraiment optimiste ! Tu es un « battant » qui met, en plus, toutes les chances de son côté. Tu débordes d'enthousiasme ! Tu penses surtout à ce que tu vas découvrir de formidable et aux super aventures qui vont t'arriver...

Solution   page 67

Vendredi, l'eau de la piscine est à 20 °C.

Solution   page 68

Si tu as plus de ● :
Tu n'aimes pas beaucoup le sport, tu préfères les activités calmes, rêver, bricoler, inventer. Mais un peu de sport, ça détend, et ça peut donner encore plus d'idées !

Si tu as plus de ✪ :
Tu aimes le sport, mais tu trouves qu'il y a 10 000 autres choses à faire dans la vie. Tu es très complet !

Si tu as plus de ■ :
Tu es fou de sport. Dès qu'il s'agit de courir, sauter, plonger, tu fonces. Attention à la casse ! Pense quelquefois à t'arrêter... C'est si bon, une petite sieste !

Solution — page 71

Le prénom du bébé est **Quentin**.

Solution — page 75

Solution — page 77

Solution — page 78

Solution — page 79

Solution — page 80

Solution — page 81

Solution — page 82

Disparaissez monstres puants, allez au diable immédiatement.

Solution — page 83

Les deux images identiques sont la **3** et **9**.

Solution — page 84

Désolé, Valentine, mais mon cœur est déjà pris. J'aime Lili depuis la maternelle.

Solution — page 85

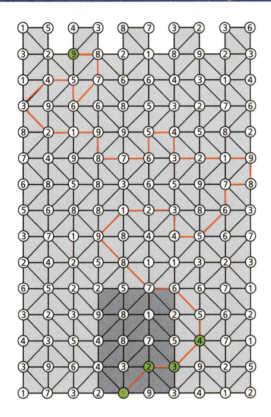

Solution — page 87

Solution — page 88

 Tom Lili Marlène Clara

 Max   (M$N) Simon   Pompon

Solution — page 91

2	3	0	1
2	2	1	1
2	1	3	3
0	2	5	1

3	1	2	3
2	1	5	2
1	4	3	4
3	4	2	0

3	4	4	1
3	9	1	8
3	5	1	3
3	3	6	5

2	5	3	10
10	5	3	2
8	5	5	7
6	5	14	1

Solution — page 93

« Va ranger la chambre ! » Lili exagère...
Je ne suis pas son esclave !

Solution — page 94

V	A	L	A	M	I	T	O	M	A	R	I	A
P	A	U	M	E	L	U	S	I	N	E	S	I
C	A	R	O	L	I	A	L	E	X	O	L	U
N	I	C	O	L	A	S	P	A	U	A	L	B
X	U	V	E	F	A	T	H	I	A	V	E	R
V	A	L	O	P	K	O	F	F	I	Y	V	A
D	O	M	I	N	L	U	C	I	E	N	O	R
E	V	A	L	E	N	T	I	N	E	R	V	E
L	E	U	V	I	C	T	O	R	A	L	B	E
O	U	I	R	M	A	R	L	E	N	E	Z	O
F	R	A	S	I	M	O	N	C	H	A	R	L
C	H	R	O	L	J	U	L	I	E	T	T	E
R	U	B	U	B	A	V	A	N	E	S	S	A
O	J	E	R	O	M	E	A	M	E	L	Z	E

Solution — page 95

Le scooter seul est le numéro **6**.

Solution — pages 96/97

Solution — page 97

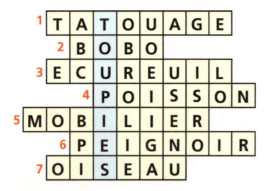

Solution — page 99

Alex — Juliette — Fathia — Max — Koffi

Solution — page 101

1. TATOUAGE
2. BOBO
3. ECUREUIL
4. POISSON
5. MOBILIER
6. PEIGNOIR
7. OISEAU

Solution — page 102

1c - 2b - 3b - 4a - 5b - 6a - 7c - 8b - 9c - 10a - 11b.

Solution — page 104

Solution — page 107

CHOCOLATS

Solution — pages 108/109

1	2	3	0
1	1	4	2
1	0	1	2
1	3	0	0

1	5	3	2
2	2	2	2
3	1	3	1
2	5	3	3

3	3	3	1
2	1	5	3
5	0	2	5
0	7	2	1

2	2	7	6
4	7	1	3
2	2	7	4
7	6	3	2

Max et Lili se sont perdus.

P	I	R	A	N	H	A